Henri Cartier-Bresson *AUF DER SUCHE NACH DEM RECHTEN AUGENBLICK*

Henri Cartier-Bresson *AUF DER SUCHE NACH DEM RECHTEN AUGENBLICK*

Aufsätze zur Photographie und Erinnerungen an Freunde. Aus dem Französischen übersetzt von Birgit Opiela und Gretl Stritzel. Mit einem Nachwort von Gérard Macé.

Edition Christian Pixis. Berlin und München, 1998.

« Photographier et dessiner »
— mise en parallèle —

La photographie est, pour moi, l'impulsion spontanée d'une attention visuelle perpétuelle, qui saisit l'instant et son éternité. —

Le dessin, lui, par sa graphologie élabore ce que notre conscience a saisi de cet instant. —

La photo est une action immédiate ;
le dessin une méditation.

27.4.92

Photographieren und Zeichnen
Ein Vergleich

Die Photographie ist für mich der freie Antrieb zu stetiger, seherischer Achtsamkeit, die den Augenblick und seine Ewigkeit festhält.

Das Zeichnen erarbeitet durch seinen Strich, was unser Bewußtsein von diesem Augenblick verstanden hat.

Das Photo ist eine unmittelbare Tat, die Zeichnung ist eine Meditation.

27. 4. 92

DER RECHTE AUGENBLICK

Nichts gibt es auf der Welt
ohne rechten Augenblick.

Kardinal De Retz

Ich hatte immer eine Leidenschaft für die Malerei. Als Kind malte ich am Donnerstag und am Sonntag, die anderen Tage träumte ich davon. Allerdings hatte ich auch eine *Brownie-box* wie viele Kinder, die ich nur von Zeit zu Zeit benutzte, um kleine Alben mit meinen Ferienerinnerungen zu füllen. Erst viel später fing ich an, mit Hilfe des Apparates besser zu beobachten. Meine kleine Welt erweiterte sich, das war das Ende der Ferienphotos.

Es gab auch das Kino. *Die Geheimnisse von New York* mit Pearl White, die großen Filme von David Griffith, wie *Gebrochene Blüten,* die ersten Filme von Erich Strohheim, wie *Gier,* die Filme von Sergej Eisenstein wie *Panzerkreuzer Potemkin* und dann *Jeanne d'Arc* von Carl Theodor Dreyer. Filme lehrten mich sehen. Später lernte ich Photographen kennen, die Abzüge von Eugène Atget besaßen, die mich sehr beeindruckten. Ich kaufte mir ein Stativ, ein schwarzes Tuch, einen Apparat 9 x 12, polierter Nußbaum, mit einem Deckel über dem Objektiv, der gleichzeitig als Verschluß diente. Dadurch konnte ich es nur mit Unbewegtem aufnehmen. Andere Motive waren zu schwierig oder schienen mir zu sehr *amateur.* So glaubte ich, mich der Kunst zu widmen. Ich entwickelte und machte selbst Abzüge in einer kleinen Wanne. Dieses Werkeln freute mich und ich nahm noch gar nicht wahr, daß gewisse Papiere hart kontrastierten und andere weich waren. Das sorgte mich nicht. Aber ich wurde wütend, wenn die Abbilder ungenügend herauskamen. 1931, mit zweiundzwanzig Jahren, bereiste ich Afrika. An der Elfenbeinküste kaufte ich einen Apparat, doch erst bei der Heimkehr nach einem Jahr entdeckte ich, daß er voller Schimmel war. Alle Photos waren überbelichtet, mit bäumchenartigen Farnen darauf.

Da ich schwer krank wurde, mußte ich mich schonen; ein kleines Monatssalär half mir zu existieren. Ich arbeitete nun mit Freude, denn ich hatte die Leica entdeckt: Sie wurde die Verlängerung meines Auges und verließ mich nicht mehr. Den ganzen Tag spazierte ich mit angespannten Sinnen und suchte in den Straßen nach Bildern, um das Leben auf frischer Tat zu greifen. Mein Verlangen war, in einem Bild das Wesentlichste einzufangen.

Erst als ich die Arbeiten meiner Berufskollegen sah und auch noch während der Arbeit für illustrierte Zeitschriften, habe ich nach und nach gelernt, eine Bildreportage zu machen, also eine Geschichte in einer Reihe von Bildern zu erzählen.

Ich bin viel herumgefahren, obwohl ich gar nicht reisen kann. Und ich liebe es, langsam zu reisen, indem ich die Übergänge zwischen den Ländern haushälterisch ausgleiche. Einmal angekommen, habe ich fast immer den Wunsch, mich häuslich einzurichten, um das Leben im Land besser in mich aufzunehmen. Ein Globetrotter könnte ich nicht sein.

Mit fünf anderen frei arbeitenden Photographen gründete ich 1947 die Kooperative *Magnum Photos,* die unsere Bildreportagen in den Zeitschriften des In- und Auslands verbreitete. Und noch immer bin ich ein Liebhaberphotograph, aber kein Pfuscher mehr.

Die Reportage

Woraus besteht eine Bildreportage? Manchmal genügt ein einziges Photo, wenn es seinen Inhalt ausreichend wiedergeben kann. Aber das ist selten. Die Einzelbilder des Themas, die den Funken aufleuchten lassen, sind oft verstreut. Man darf sie nicht absichtlich sammeln, sie zu arrangieren wäre Schummelei. Worin liegt der Sinn einer Reportage? Die auf mehrere Photos verteilten, sich ergänzenden Einzelbilder werden auf einer Seite zusammengestellt.

Die Bildreportage ist eine fortlaufende Handlung im Kopf, im Auge und im Herzen; sie stellt Fragen oder hält ein Ereignis oder Eindrücke fest. Ist ein Ereignis besonders reich, wird es umpirscht, während es sich entwickelt. Man ist auf der Suche

In einer Zeichenpause, 1989

nach der Lösung. Manchmal ist sie in wenigen Sekunden gefunden, manchmal läßt sie sich Stunden oder Tage Zeit. Es gibt kein Rezept, man muß auf dem Sprung sein wie beim Tennisspiel. Die Wirklichkeit bietet uns eine solche Fülle, daß man gezwungen ist, inmitten des Geschehens wegzulassen und zu vereinfachen. Und läßt man dann immer das Richtige weg? Man muß sich vollkommen klar werden, was man tut. Manchmal hat man das Gefühl, das stärkste Bild erwischt zu haben und doch arbeitet man weiter, weil man nie sicher sein kann, wie sich das Geschehen weiter entwickeln wird. Man wird vermeiden, schnell und mechanisch abzudrücken, um sich so mit unnötigen Skizzen zu überladen, die das Gedächtnis überschwemmen und der Klarheit der ganzen Arbeit schaden.

Wichtig ist die Erinnerung an jede Photographie, die man galoppierend, wie sich das Ereignis bot, gemacht hat. Man muß sich allerdings während der Arbeit sicher sein, keine Lücke ausgelassen und alles ausgedrückt zu haben, sonst ist es zu spät. Das Ereignis kann nicht von hinten nach vorne aufgerollt werden.

Wir haben zwei Zustände, mit denen wir hadern können. Einer offenbart sich, während man im Sucher der Wirklichkeit gegenüber steht, der andere, wenn die Bilder entwickelt und fixiert sind, und man gezwungen ist, sie von denen zu trennen, die zwar richtig sind, aber weniger Ausdruckskraft besitzen. Wenn es zu spät ist, weiß man genau, wo man ungenügend war. Oft gibt uns während der Arbeit ein Zögern, ein körperlicher

Bruch mit dem Ereignis das Gefühl, nicht mit einer bestimmten Einzelheit des Ganzen Schritt gehalten zu haben. Häufig ist das der Fall, wenn sich das Auge in Nachlässigkeit geübt hat, das genügt.

Wenn wir unser Auge schweifen lassen, zeigt sich für jeden von uns der sich ins Unendliche erweiternde Raum; der naheliegende Raum beeindruckt mit mehr oder weniger Deutlichkeit, schließt sich in unser Gedächtnis ein und verwandelt sich darin. Von allen Ausdrucksmitteln ist die Photographie einzigartig darin, einen Augenblick genau festzuhalten. Wir spielen mit Dingen, die entschwinden und wenn sie weg sind, ist es nicht mehr möglich, sie wieder ins Leben zurückzuholen. Man verändert sein Motiv nicht, kann es höchstens unter den Bildern auswählen, die man für die Reportage gesammelt hat. Ein Schriftsteller hat Zeit nachzudenken, bis sich ein Wort gebildet hat und er es auf das Papier bringen kann; er kann mehrere Teile verbinden. Es gibt eine Zeitspanne, in der das Gehirn vergißt, ein Niedersetzen. Was für uns Photographen verschwindet, bleibt für immer verschwunden. Daraus kommen unsere Ängste und auch die Originalität unseres Handwerks. Einmal in das Hotel zurückgekehrt, können wir die Reportage nicht wiederholen. Wir beobachten die Wirklichkeit mit Hilfe unseres Skizzenbuches, des Apparates, und halten sie fest; einen Kuhhandel können wir nicht treiben, das kann feststellen, wer Augen hat zu sehen.

Bei einer Bildreportage werden die Schläge wie von einem Schiedsrichter gezählt und man verwandelt sich unglücklicherweise in einen Eindringling. Man nähert sich auf leisen Sohlen, auch wenn es sich um ein Stilleben handelt. Auf Samtpfoten muß man gehen und ein scharfes Auge haben. Keine Hast. Man schlägt nicht vor dem Fischen in das Wasser. Kein Blitzlicht, das versteht sich wohl, aus Rücksicht vor dem Licht, selbst wenn es dunkel ist. Andernfalls wird der Photograph unerträglich aggressiv. Das Handwerk hängt stark von den Beziehungen ab, die man mit den Menschen herstellen kann. Ein Wort kann alles verderben, alle verkrampfen und machen dicht. Auch hier gilt: kein System, es sei denn, sich und den Apparat vergessen zu machen, der immer viel zuviel sieht. Die Reaktionen sind so verschieden nach Ländern und Milieus. Im Orient macht sich ein ungeduldiger oder hastender Photograph nur lächerlich, das ist nie wieder gut zu machen. Wenn man jemals von der Eile gepackt ist, und mit dem Apparat bemerkt worden sein sollte, gibt es nichts anderes, als die Photographie zu vergessen und die Kinder freundlich an den Beinen kleben zu lassen.

Das Motiv

Wie kann man das Motiv verschlafen? Es stellt sich doch. Und weil jedes Geschehen Motive auch in unserer engsten Umgebung liefert, genügt es, hellwach sehend zu sein gegenüber den

Ereignissen und gegenüber unserem Gefühl. Man setzt sich in Beziehung zu dem, was man wahrnimmt.

Das Motiv erschließt sich nicht im Sammeln von Tatsachen, die Vorgänge an sich bieten kaum Interessantes. Entscheidend ist, unter ihnen auszuwählen und das wahre Geschehen in Beziehung zu seinem tieferen Hintergrund zu erfassen.

In der Photographie kann die kleinste Angelegenheit ein großes Motiv sein, die kleinste Teilansicht eines Menschen kann ein *leitmotiv* werden. Wir sehen die uns umgebende Welt und bringen sie in einer Art Zeugenaussage zur Sichtbarkeit. Das Geschehen in seiner eigentlichen Funktion ruft den organischen Rhythmus der Figuren hervor. Es gibt tausendundeine Möglichkeit zu finden, auf welche Art man sich auszudrücken hat und was uns verführt hat. Lassen wir also dem Unaussprechlichen seine ganze Frische und sprechen wir nicht mehr darüber...

Es gibt einen Bereich, der von der Malerei nicht genügend erschöpft ist; manche sagen, die Entdeckung der Photographie sei die Ursache gewesen. Jedenfalls hat die Photographie den illustrierenden Teil übernommen. Daß die Malerei eines ihrer größten Sujets, das Porträt, aufgegeben hat, gehört zur Geschichte der Entdeckung der Photographie.

Gehrock, Kappe und Pferd haben vor Zeiten die strengsten Akademiemaler geschreckt, sie erstickten vor den überbordenden Gamaschen mit Knöpfen von Meissonier. Sollten uns solche Dinge beklemmen, da wir Photographen uns einen flüchti-

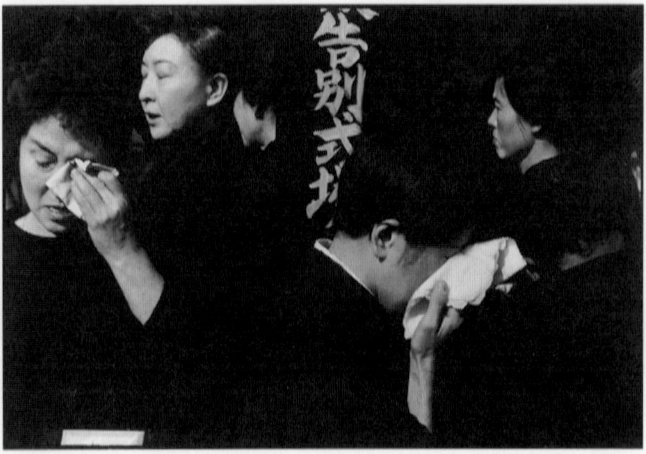

Trauerfeier für einen Kabuki-Schauspieler, Japan 1965

geren Bereich angeeignet haben? Wir freuen uns höchstens, denn mit unserem Apparat nehmen wir das Leben in seiner ganzen Wirklichkeit an. Die Menschen wollen in ihrem Porträt fortbestehen und der Nachwelt ihr gutes Profil überlassen; ein Wunsch, der manchmal mit der geheimen Ahnung verbunden ist, daß sie auch Anlaß dazu geben.

Ein anrührendes Merkmal des Porträts ist es, die Ähnlichkeit und Beständigkeit der Menschen durch alles hindurch, was ihre Umgebung festlegt, wiederzufinden, und sei es auch nur im Familienalbum, wo man den Onkel für den Großneffen hält. Wenn der Photograph den Abglanz der Außen-und Innenwelt trifft, dann deshalb, weil die Menschen in Pose verharren, wie man in der Theatersprache sagt. Der Photograph sollte die Stimmung wahrnehmen und die lebendige Umgebung mit einbeziehen; vor allem sollte er Kunstgriffe vermeiden, die die Wahrheit über Menschen töten. Und er sollte den Apparat vergessen machen und auch die Person, die ihn bedient. Umständliche Ausrüstung hindert den kleinen Vogel daran, wegzufliegen. Was gibt es Flüchtigeres, als den augenblicklichen Ausdruck auf einem Gesicht? Der erste Eindruck, den das Gesicht zeigt, ist meistens richtig. Und falls er noch reichhaltiger wird, wenn wir die Menschen öfters besuchen, wird es noch schwieriger, ihr innerstes Wesen auszudrücken. Porträtphotograph zu sein ist schwierig, weil man für Auftraggeber arbeitet, und außer einigen Gönnern will sich jeder geschmeichelt sehen, wodurch nichts Wahres bleibt. Die Auftraggeber scheuen die Unbestechlichkeit des Apparates, während der Photograph seelische Deutlichkeit sucht. Eine gewisse Verwandtschaft besteht zwischen allen Porträts eines Photographen, denn seine Menschenkenntnis ist verbunden mit seiner seelischen Konstitution als Photograph. Harmonie findet man im Streben nach Balance der asymmetrischen Hälften eines Gesichts. Das vermeidet Sanftheit oder eine grotesk einseitige Sicht.

Der Künstlichkeit mancher Photoporträts ziehe ich gerne die kleinen Ausweisphotos vor, die in den Schaufenstern der Paßbildphotographen nebeneinander gedrängt sind. An diese Gesichter kann man immer eine Frage stellen, man entdeckt in ihnen eine dokumentarische Wesensgleichheit anstelle poetischer Wiedergabe, die man zu bekommen hofft.

Die Komposition

Damit ein Motiv in seiner Wiedergabe trägt, müssen die formalen Beziehungen klar und entschieden angeordnet sein. Man muß seinen Apparat im Raum in ein Verhältnis zum Gegenstand bringen; hier beginnt das weite Feld der Komposition. Die Photographie ist für mich das Erkennen eines Rhythmus von Oberflächen, von Linien und von wertvollen Inhalten aus dem Leben. Das Auge schneidet das Motiv aus und der Apparat hat nur seinen Dienst zu tun, das heißt, die Entscheidung des Auges auf den Film zu bringen. Eine neue Photographie sieht man auf den ersten Blick als Bild. Die Komposition ist die organische Zusammenfügung von sichtbaren Bestandteilen. Man fügt nicht grundlos zusammen, es bedarf der Notwendigkeit und der Inhalt ist von der Gestalt nicht zu trennen. In der Photographie gibt es durch die Wirkung der Augenblickslinien eine neue bildnerische Kunst. Wir arbeiten in Bewegung, in einer Art Vorausahnung des Lebens und die Photographie muß bewegend das ausdrucksvolle Gleichgewicht bestimmen.

Unser Auge wägt ständig und schätzt ab. Wir verändern die Perspektive durch eine leise Beugung der Knie, wir führen ein Zusammentreffen durch eine einfache Änderung der Kopfhaltung um den Bruchteil eines Millimeters, aber das kann in der Geschwindigkeit eines Reflexes geschehen und verhindert glücklicherweise den Versuch, Kunst zu machen. Man arbeitet beinahe gleichzeitig mit dem Druck auf den Auslöser und während man den Apparat vom Gegenstand entfernt hält, zeichnet man die Einzelheit und ordnet sie unter oder man verkommt zu ihrem Knecht. Manchmal ist es so, daß wir mit stierem Blick auf ein Ereignis warten, alles löst sich auf und es kommt kein richtiges Photo zustande. Wenn aber jemand kommt und vorbeigeht, folgt man seinem Pfad im Sucherrahmen, man wartet, wartet... man drückt ab und geht mit dem Gefühl weg, wirklich etwas in der Tasche zu haben. Später wird man sich freuen, auf dem Bild die Mittelachse nachzuziehen oder andere Formgebilde; und man wird bemerken, daß in dem Augenblick, in dem der Verschluß ausgelöst hat, man instinktiv die geometrischen Orte festgehalten hat, ohne die das Photo ausdruckslos geworden wäre. Die Komposition muß eines unserer ständigen Anliegen sein, doch im Augenblick des Photographierens kann sie nur intuitiv zustande kommen, denn wir ringen mit flüchtigen Augenblicken, in denen die Zusammenhänge sich bewegen. Um den Bezug zum goldenen Schnitt anzuwenden, kann der Zirkel des Photographen nur in seinem Augenmaß liegen. Jede geometrische Analyse, jede Einengung auf ein Schema, das versteht sich, kann, sobald das Photo einmal gemacht, entwickelt und abgezogen ist, nur als Gegenstand späterer Betrachtung dienen. Ich hoffe, daß wir niemals den Tag erleben werden, an dem die Händler auf die Mattscheibe gravierte Schemata verkaufen. Die Wahl eines Filmformats spielt für den Ausdruck des Motivs eine große Rolle. Ein quadratisches Format neigt durch seine Seitengleichheit zum Statischen, wie es übrigens auch kaum quadratische Bilder gibt. Wenn man ein gutes Photo ein klein wenig zuschneidet, zerstört man unvermeidlich die Proportionen und andererseits ist es sehr selten, daß eine schwa-che Aufnahme noch gerettet werden kann, indem man in der Dunkelkammer das Negativ unter dem Vergrößerungsgerät beschneidet. Die Echtheit ist verloren. Man hört oft von den Gesichtswinkeln sprechen; aber die einzigen Winkel sind die der Geometrie während der Ausarbeitung der Photographie.

Es sind die einzig gültigen Winkel und nicht die von irgendeinem Herrn gemachten, der sich flach auf den Bauch wirft, um Effekte zu erzielen und andere Verstiegenheiten.

Die Technik

Entwicklungen auf dem Gebiet der Chemie und Optik erweitern unseren Aktionsradius und wir wenden sie im technischen Bereich an, um uns zu vervollkommnen. Aber es gibt eine Art blinder Verehrung, die sich auf dem Gebiet der photographischen Technik entwickelt hat. Die Technik darf nur dazu verwendet werden, um einer Wahrnehmung zur Darstellung zu verhelfen. Soweit man sie dienstbar machen kann, ist die Technik wichtig, um eben das wiederzugeben, was man sieht. Es ist das Ergebnis, das zählt. Die Probe auf das Exempel ist, was das Photo uns liefern kann, andernfalls wäre es unerschöpflich, alle mißratenen Photos oder diejenigen, die nur im Auge des Photographen existieren, zu schildern. Unser Beruf als Bildreporter besteht erst seit ungefähr dreißig Jahren, er hat sich verbessert dank kleiner, sehr handlicher Apparate, dank der lichtstarken Objektive und der feinkörnigen Filme, die für die Erfordernisse des Kinos entwickelt wurden.

Der Apparat ist für uns Werkzeug und kein hübsches, mechanisches Spielzeug. Es genügt, daß man sich mit dem Apparat vertraut fühlt, der für das, was man machen möchte, geeignet ist. Die Handhabung des Apparates, wie Blende, Belichtungszeiten usw., müssen reflektorisch vor sich gehen, wie man den Gang im Auto wechselt. Über alle diese Arbeitsschritte, selbst über die kompliziertesten, darf es keine Debatten geben, sie sind mit militärischer Genauigkeit in dem Leitfaden angegeben, der dem Apparat in seinem Kalbslederetui vom Hersteller beigegeben wird.

Man muß über dieses Anfangsstadium hinauskommen, zumindest in Gesprächen. Ebenso bei den hübschen Probeabzügen.

Beim Vergrößern muß die Bedeutung der Aufnahme berücksichtigt werden, oder, um sie wieder herzustellen, wird der Abzug nach seiner Ursprungsidee umgestaltet. Man muß das Gleichgewicht herstellen, das das Auge ununterbrochen zwischen Licht und Schatten versucht; deshalb ereignen sich die letzten Augenblicke des photographischen Schaffens im Labor.

Ich amüsiere mich immer über die Gedanken, die sich manche Menschen über die Technik in der Photographie machen, die eine übertriebene Sauberkeit des Bildes zur Folge hat. Ist es die Leidenschaft für das Übersorgsame, für das Peinlichgenaue, oder hoffen sie durch diese Mache der Wirklichkeit strikt auf den Fersen zu bleiben? Sie sind ebensoweit von dem wahren Problem entfernt, wie jene andere Generation, die alle ihre Anekdoten in eine künstlerische Wolke eingehüllt hat.

Die Auftraggeber

Der Photoapparat erlaubt das Führen einer sichtbaren Chronik. Wir Bildreporter sind Menschen, die Informationen an eine gehetzte, von Sorgen überladene Menschheit liefern, in einer Welt, die voll ist von Mißklang und von Menschen, die nicht ohne die Gesellschaft von Bildern sein können. Die sprachliche Kraft der Photographie ist die Raffung des Gedankens; wir beurteilen, was wir sehen, und das legt uns große Verantwortung auf. Zwischen dem Publikum und uns gibt es die Druckerei, die das Mittel zur Verbreitung unserer Gedanken ist. Wir sind die Handwerker, die den Illustrierten ihren Rohstoff liefern.

Ich habe ein wahrhaftiges Schaudern erlebt, als ich mein erstes Photo verkauft habe (an *Vu*). Es war der Beginn einer langen Verbindung mit den illustrierten Zeitschriften. Sie werten aus, was wir sagen wollten und entstellen es gerne. Deshalb läuft der Photograph leicht Gefahr, nach den Geschmäckern und den Zielen der Zeitschrift frisiert zu werden. Denn bei einer Reportage muß der Bildtext ergänzen, was der Apparat allein nicht greifen konnte; in den Redaktionsräumen können sich dann leider Schnitzer einschleichen. Das sind nicht einfache Druckfehler, oft genug ist der Bildredakteur der Verantwortliche. Das sind Dinge, die so vorkommen...

Die Photos gehen durch die Hände des Chefredakteurs und des Layouters. Der Redakteur trifft seine Wahl aus gut und gerne dreißig Photos, die eine Reportage bilden, wie wenn er einen Text zusammenstriche. Die Reportage ist aber fest gefügt wie eine Nachricht, und die Auswahl des Redakteurs wird auf zwei, drei oder vier Seiten aufgefaltet, je nach seinem Interesse und den Papiermaßen.

Aber während man eine Reportage macht, kann man nicht den späteren Umbruch im Kopf haben. Es ist die große Kunst des Layouters, in einem Fächer von Photographien das Bild zu finden, das eine ganze Seite verdient oder eine Doppelseite, und zu wissen, wie das kleine Dokument, das als verbindende Aussage dienen kann, dazwischengeschaltet wird. Häufig muß er ein Bild zuschneiden, um nur den Teil zu schützen, der ihm am wichtigsten scheint, denn für ihn hat die Einheitlichkeit der Seiten Vorrang. Wie oft findet sich dann die Arbeit des Photographen zerstört... Aber letztendlich soll man dem Layouter dankbar sein, wenn die Dokumente durch gehörigen Abstand und Spielraum gut veröffentlicht sind, wenn jede Seite ihr Maß und ihre Architektur hat und die Geschichte gut ausdrückt, die man erfaßt hat.

Schließlich ist die letzte Angst dem Photographen vorbehalten, wenn er die Zeitschrift aufblättert und dort seine Reportage entdeckt...

Ich habe mich etwas über einen Gesichtspunkt der Photographie ausgebreitet, aber es gibt noch viele andere Aspekte, angefangen bei der Werbephotographie bis zu den rührenden Bildern, die in den Brieftaschen vergilben. Ich habe nicht versucht, die Photographie insgesamt zu erklären.

Eine Photographie ist für mich, im Bruchteil einer Sekunde gleichzeitig die Bedeutung eines Ereignisses zu erkennen, als auch den genauen Aufbau sichtbarer Formen, den es ausdrückt.

Während unseres Lebens entdecken wir uns und gleichzeitig entdecken wir die Außenwelt. Diese formt uns, wir können aber auch auf sie wirken. Es muß ein Gleichgewicht zwischen diesen beiden Welten hergestellt werden, die in immerwährender Zwiesprache sind und eine Welt bilden, zu der wir in Verbindung stehen müssen.

Aber das betrifft nur den Gehalt eines Bildes, der nicht von seiner Form getrennt werden kann. Unter Form verstehe ich einen strengen bildnerischen Aufbau, durch den unsere Gedanken und Empfindungen anschaulich und unmittelbar werden. In der Photographie kann die Gestaltung des Sichtbaren nichts anderes sein als ein spontanes Gefühl für bildnerischen Takt.

Die Photographie und die Farbe
(Post scriptum vom 2. Dezember 1985)

Die Farbe in der Photographie ist auf sehr einfachen Blickwinkeln aufgebaut. Gegenwärtig kann das auch nicht anders sein, denn man hat noch keine chemischen Verfahren gefunden, die ein umfassendes Zerlegen und Zusammenfügen der Farbe ermöglichen. (Bei Pastellfarben gibt es allein 375 unterschiedliche Grüntöne).

Die Farbe ist ein wichtiges Informationsmittel, doch sehr begrenzt auf dem Gebiet der Wiedergabe, die im Bereich der Chemie angesiedelt ist, sie ist weder transzendent noch intuitiv wie in der Malerei. Gegenüber Schwarztönen, die die breiteste Skala von Tönungen enthalten, bietet die Farbe nur eine bruchstückhafte Skala an.

Le débat sur le grade
et la place que l'on
devrait conférer à la
photographie parmi
les arts plastiques ne
m'a jamais préoccupé,
car ce problème de
hiérarchie m'a toujours
semblé d'essence
purement académique.

27.11.85

Die Auseinandersetzung um den Stellenwert und den Platz, den man der Photographie unter den bildenden Künsten zuweisen sollte, hat mich nie besorgt, da diese Frage der Hierarchien mir immer rein akademischer Natur schien.

27. 11. 85

Die Photographie hat sich seit ihren Anfängen nicht gewandelt, es sei denn in technischer Hinsicht, aber das ist für mich zweitrangig.

Die Photographie scheint eine einfache Tätigkeit zu sein; sie ist aber ein vielschichtiger und mehrdeutiger Vorgang, dessen einziger gemeinsamer Nenner das Arbeitsinstrument ist. Was von diesem Aufnahmegerät produziert wird, unterliegt den ökonomischen Widersprüchen einer Welt des Konsums, zunehmender Spannungen und großer ökologischer Folgen.

Photographieren heißt, in dem Augenblick den Atem anhalten, in dem sich alle unsere Fähigkeiten im Angesicht einer flüchtigen Wirklichkeit vereinigen; dann ist das Einfangen des Bildes eine große körperliche und intellektuelle Freude.

Photographieren heißt, etwas gleichzeitig mit Kopf, Auge und Herz anvisieren.

Was mich betrifft, ist photographieren ein Weg zu verstehen, der nicht von anderen bildlichen Ausdrucksmöglichkeiten getrennt werden darf. Es ist eine Art zu schreien und sich zu befreien. Nicht die persönliche Originalität soll immer wieder neu unter Beweis gestellt werden, denn photographieren ist eine Lebensweise.

Die gestellte oder inszenierte Photographie ist nicht meine Sache. Und wenn ich ein Urteil fälle, dann kann dies lediglich psychologischer oder soziologischer Natur sein. Es gibt Photographen, die gestellte Bilder machen und andere, die sich auf die Suche nach dem Bild begeben und es dann fangen.

Die Kamera ist für mich ein Skizzenblock, ein Unmittelbarkeitsgerät, der Meister des Augenblicks, der in visuellen Begriffen Fragen stellt und gleichzeitig antwortet. Um die Welt zu bedeuten, muß man sich dem verbunden fühlen, was man mit dem Sucher ausschneidet. Eine solche Haltung verlangt geistige Disziplin, Feingefühl und Sinn für Geometrie. Erst durch große Sparsamkeit in der Wahl der Mittel gelangt man zur Einfachheit des Ausdrucks. Man muß immer in größtmöglicher Ehrfurcht vor dem Gegenstand und vor sich selbst photographieren.

Anarchie ist eine Ethik.

Der Buddhismus ist weder eine Religion noch eine Philosophie, sondern ein Mittel, seinen Geist zu beherrschen, um so zu Harmonie zu gelangen und diese aus dem Mitfühlen heraus anderen zu schenken.

Ma passion n'a jamais été pour
la photographie "en elle même",
mais pour la possibilité, en s'
oubliant soi-même, d'enregistrer
dans une fraction de seconde
l'émotion procurée par le sujet
et la beauté de la forme,
c'est a dire une géométrie
éveillée par ce qui est offert.—

Le tir photographique est
un de mes carnets de croquis.—

8.2.94

Meine Leidenschaft galt nie der Photographie »an sich«, sondern der Möglichkeit, im Bruchteil einer Sekunde, während man sich ganz vergißt, die Ergriffenheit festzuhalten, die vom Gegenstand und der Schönheit der Form ausgeht.

Eine Geometrie, die von dem, was sich bietet, hervorgerufen wird.

Der photographische Schuß ist eines meiner Skizzenbücher.

8. 2. 94

Einmal traf ich einen Schotten. »Es heißt, Sie haben viele Länder bereist, wie kann es dann sein, daß Sie keine einzige Photographie von Schottland gemacht haben?« Es war nicht einfach, ihn davon zu überzeugen, daß ich keinerlei Vorurteil gegen sein Land hegte. Im Gegenteil, und da muß ich gar nicht bis zu Maria Stuart zurückgehen, und zu all den Bindungen zwischen Frankreich und Schottland...

Offensichtlich hat ein Photograph etwas von einem Flaneur und verfügte er auch nur über ein wenig methodischen Geist, könnte er diesen dazu benutzen, eine Art Werkverzeichnis zusammenzustellen: »Was bedeutet alles das auf dieser Liste?« würde dann unser Schotte fragen.

Tolstoi sagt in *Krieg und Frieden* (Drittes Buch, 3. Teil, I): »...und [ich] gewahre, daß mich ein noch so sorgsames Beobachten des Uhrzeigers, des Ventils und der Räder der Lokomotive und der Eichenknospen nicht zu der Erkenntnis der Ursache des Glockengeläuts, der Lokomotivenbewegung und des Frühlingswindes gelangen läßt. Will ich dazu kommen, so muß ich einen vollkommen neuen Ausgangspunkt für meine Beobachtungen beziehen und die Bewegungsgesetze des Dampfes, der Glocke und des Windes studieren. Ähnlich muß auch die Geschichtswissenschaft ans Werk gehen. Und Ansätze dazu liegen bereits vor.«

Der Photograph zeigt lediglich die Zeiger der Uhr, aber er wählt den Augenblick. Menschen, die daran teilhaben, hier Europäer, mögen sich in den Augen eines hottentottischen oder chinesischen Bauern auf den ersten Blick gleichen. Vergliche man aber unsere Länder Quadratkilometer für Quadratkilometer, würde man aus historischen und geographischen Gründen hier die größte Vielfalt finden. Der Drang der Menschen nach Freude und Glück, oder ihre Grausamkeit zeigen sich in den Facetten zahlloser kleiner Details. Sie überraschen durch ihre Neuartigkeit oder durch ihre Vertrautheit, als gäbe es ein Anklingen an Bekanntes. Man meint, sie inmitten oberflächlicher Eindrücke zu erkennen, etwa beim Herumschlendern in einem Museum, das man zum ersten Mal besucht, aus dem man jedoch schon einige Gemälde durch Reproduktionen kennt. Steht man dann tatsächlich vor dem bekannten Bild, fühlt man den Schock der Überraschung und ist erfreut, sich im direkten Gegenüber messen zu können.

In der Photographie ist das Schöpferische die Sache eines Augenblicks, ein Wurf, ein blitzschnelles Reagieren. Der Apparat wird auf die Ziellinie des Auges angehoben und mit dem bescheidenen Kästchen wird ohne Tricks eingefangen, was überrascht hat, um das Flüchtige beim Schopf zu packen. Man malt ein Gemälde während man photographiert.

Dieser Lidschlag zählt wegen der Frische des Eindrucks, aber schließt er lange geübte Erfahrung aus? Findet man immer wieder zu dieser Frische, wenn man schon lange in einem Land lebt? Ob man vorübergehend an einem Ort ist oder dort lebt, man muß, um ein Land oder eine Situation auszudrücken, an einem Ort dichte Arbeitsbeziehungen hergestellt haben und von einer menschlichen Gemeinschaft getragen sein. Leben kostet Zeit, Wurzeln bilden sich langsam. Deshalb kann der Augenblick das Ergebnis einer langen Bekanntschaft oder die Frucht einer Überraschung sein.

Früher illustrierte man die Geographie mit Reproduktionen großer Bauwerke oder mit Darstellungen von ethnischen Gruppen. Heute kommen die Ansichten des Menschlichen hinzu, die die Photographie liefert, und die den Blickwinkel verlagern.

Wenn ich einen Stein in einen Brunnen werfe, weiß ich nicht, wie das Echo klingen wird, und wenn ich eine Photographie in Umlauf bringe, entgleitet mir deren Wirkung. Die Aneignung der Welt durch die Photographie kann wunderbare oder katastrophale Folgen haben, je nachdem, ob das einzelne kleine Ereignis, das man abbildet, aus seinem zeitlichen, räumlichen und menschlichen Zusammenhang herausgerissen wird oder nicht.

Wie Menschen und Landstriche nicht alle gleich alt sind und nicht das gleiche Schicksal teilen, ist auch ihr Reifegrad nicht auf allen Gebieten gleich. Manchmal stößt man trotz tiefgreifender Wandlungen auf Wesenszüge, die man für längst vergangen hielt, und man fühlt sich, als hätte man ein junges Mädchen aufgrund eines Porträts seiner lange verstorbenen Großmutter erkannt.

Touristen gehen oft in die Irre, wenn sie Vergleiche mit ihrem Heimatland anstellen und als Bezugspunkte Meinungen oder sehr persönliche Erinnerungen wählen.

Die Kluft zwischen Ländern empfindet man oft deutlich an ihrer Grenze. Doch manchmal ist man schon lange beim Nachbarn, bis einem die Grenze bewußt geworden ist.

Natürlich geht es mir hier nicht um die Weltherrschaft des Herrenanzugs und um die globale Standardisierung der Dinge, sondern um den Menschen mit seinen Freuden, seinen Schmerzen, seinen Kämpfen.

Es gibt tausend Arten sie zu beschreiben, aber nie möchte ich behaupten müssen, daß »die Personen dieses Buches frei erfunden« seien und daß »jede Ähnlichkeit mit lebenden Personen rein zufällig« sei.

1955

»Gerade haben wir für Ihre Frau und für Sie die Visa erhalten.«

»Wann können wir reisen?«

»Sobald Sie wollen.«

Die Nachricht kam so unvermittelt, daß sie uns etwas aus der Fassung brachte. Wir waren auf die Abreise nicht recht vorbereitet, denn unseren Einreiseantrag hatten wir acht Monate vorher gestellt. Während der Wartezeit war jeder Glaube an die Reise verflogen. Allerdings hatte ich zwei Monate vorher erfahren, daß man das Exemplar meiner *Images à la sauvette* wohlwollend aufgenommen hatte. Ich hatte es nach Moskau geschickt, um meinem Antrag Gewicht zu verleihen.

Auf dem Konsulat in Paris sagte man uns, während unsere Pässe gestempelt wurden, daß meine Negativc in der UdSSR entwickelt werden müßten. Also habe ich in letzter Minute Entwickler besorgt, die ich gewöhnlich verwende. Jetzt mußten wir uns nur noch um unsere Fahrkarten und ein Akkreditiv bemühen.

Am 8. Juli 1954 bestiegen wir den Zug nach Prag. Weder meine Frau noch ich reisen gerne mit dem Flugzeug. Es geht zu schnell und man sieht nicht, wie die Landschaften im Verlauf der Reise nach und nach ihre Gestalt verändern. Seit 1930 war ich nicht mehr in der Tschechoslowakei gewesen. Wir verbrachten eine Nacht in Prag und nahmen am nächsten Tag den Expreßzug Prag-Moskau. Im Schlafwagen war alles neu für uns, vom Samowar am Ende des Ganges bis zu den Vorhängen aus geprägtem Samt, die in der UdSSR in Mode sind. Der Zug fuhr quer durch die Tschechoslowakei. Am nächsten Morgen trafen wir auf dem sowjetischen Grenzbahnhof Tschop ein.

Der zweite Teil unserer Reise dauerte zweieinhalb Tage, davon fuhren wir fast vierundzwanzig Stunden durch die UdSSR. Als wir schließlich am Moskauer Bahnhof ausstiegen, fühlten wir uns ein wenig wie Bauern, die in der Stadt ankommen, so begierig waren wir, alles zu sehen und zu entdecken. Ich war nie zuvor in dieses Land gereist und hatte nur den Wunsch, mich sofort an die Arbeit zu machen. Aber ich wußte nicht, ob ich ungehindert würde photographieren können. In Paris hatte man mir gesagt, daß eine Sondererlaubnis notwendig wäre, und ich fürchtete, um sie zu erhalten, lange Erklärungen abgeben zu müssen, die sich auf meine Reportage auswirken könnten.

Aber in Moskau erfuhr ich dann, daß Ausländer ungehindert photographieren dürften, ausgenommen militärische Objekte, Eisenbahnanlagen, Städtepanoramen und bestimmte öffentliche Bauwerke, für die eine Genehmigung der Behörde notwendig war.

Man fragte mich, was ich zu sehen wünschte. Ich erklärte, daß ich mich für die Menschen interessierte, daß ich sie gerne auf der Straße, in den Geschäften, während der Arbeit und bei ihrer Freizeitbeschäftigung, in allen ihren Lebensäußerungen beobachten möchte. Überall dort arbeite ich, wo man sich auf Samtpfoten anschleichen kann, ohne die zu stören, die man photographiert.

Auf dieser Grundlage arbeiteten wir dann ein Programm aus. In der UdSSR ist meine Arbeitsweise als Berufsphotograph nicht gerade üblich. Außerdem sprechen meine Frau und ich kein Russisch. Wir bekamen einen Dolmetscher, der uns jeden Morgen im Hotel abholte und uns an die Orte führte, die wir ausgewählt hatten. Er war uns eine große Hilfe. Wenn wir bestimmte Genehmigungen brauchten, kümmerte er sich um die Formalitäten. Hin und wieder wunderten sich die Leute auf der Straße, daß sie aus nächster Nähe von einem ausländischen Photographen ins Visier genommen wurden. Sie riefen mir etwas zu. Da ich nichts verstand, sagte ich dann den einzigen russischen Satz, den ich behalten konnte: »Tovaritch Peretvotchik Sjuda! (Genosse Dolmetscher hierher!)«. Ich grüßte höflich und setzte meine Arbeit fort, während mein Dolmetscher den Passanten die Angelegenheit erklärte. Niemand kümmerte sich mehr um mich. Deshalb konnte ich viele Personen bei ihren Tätigkeiten photographieren, als ob ich nicht anwesend wäre. Ich hatte vor meinem Aufenthalt in Moskau bereits viele Aufnahmen, die die UdSSR zeigten, gesehen. Dennoch war ich über meine neuen Entdeckungen überrascht. Ich habe versucht, ein unverfälschtes Bild der Menschen von Moskau in ihrem täglichen Leben und in ihren menschlichen Beziehungen einzufangen. Aus meinem Blickwinkel war das Thema kaum behandelt worden. Ich weiß, daß meine Aufnahmen nur Stückwerk sind. Aber für mich waren sie eine visuelle Entdeckungsreise.

Wieder in Paris zurück, beschäftigten mich die Fragen, die man uns so stellte. Manche Fragen halfen uns, die Entfernung und die Kluft, die uns von dem Land trennten, das wir gerade hinter uns gelassen hatten, wie in einem Rückspiegel zu sehen. Manchmal brauchte ich gar nicht zu antworten. Die einen ließen mich nach einem: »Na, wie war's denn nun da drüben?« nicht zu Wort kommen und legten ihre eigenen Standpunkte dar. Andere verfielen nach einem »Sieh an, da drüben wart Ihr also gerade« in Schweigen, wie wenn jemand am Familientisch ein zu heißes Eisen angepackt hat.

1955

Post Scriptum

Ich bin weder Wirtschaftsexperte noch Photograph bedeutender Bauwerke und nur sehr bedingt Journalist. Ich bemühe mich in erster Linie um Wachheit im Leben.

Neunzehn Jahre nach der ersten Reise wollte ich die UdSSR wiedersehen. Denn nichts ist aufschlußreicher, als durch Erfassen der Veränderungen ein Land mit sich selbst zu vergleichen und zu versuchen, den Fluß seiner Kontinuität freizulegen.

Der Photoapparat ist kein geeignetes Instrument, um eine Antwort auf das Warum der Dinge zu geben, eher ist er dazu gemacht, es abzubilden, und im glücklichsten Fall fragt und antwortet er gleichzeitig, auf die ihm eigene, intuitive Weise. Also habe ich ihn mir in Gestalt eines aktiven Flaneurs zunutze gemacht, dem »objektiven Zufall« auf der Spur.

1973

Gare St. Lazare, Paris 1932

VON EINEM CHINA INS ANDERE

Anfang Dezember 1948 bestieg ich in Rangun (Birma) das Flugzeug nach China. Es gelang mir, Peking zwölf Tage vor der Einnahme der Stadt durch die Truppen Mao Tse-tungs zu erreichen, und ich verließ die Stadt mit dem letzten Flugzeug, das trudelnd abhob, als die Kommunisten den Flughafen umstellten.

Nach unserer Landung in Shanghai versuchte ich in das von der Volksbefreiungsarmee kontrollierte Gebiet zu gelangen. Es war die Zeit der Blockade, und ich kam auf dem britischen Aufklärungsschiff *Amethyst* nach Hongkong, wo ich Huong Hua, den Vertreter des kommunistischen China in Hongkong und zukünftigen Außenminister, um einen Passierschein nach Peking bat. Höflich bedeutete er mir, daß er weder ein Reisebüro noch ein Konsulat sci. Er könne es für mich nur unter der Hand mit einem inoffiziellen Schreiben versuchen.

Um auf die andere Seite der Front zu gelangen, entschied ich mich für das Gebiet von Tsing-tso im Norden der Halbinsel Shantung. Man hatte mir gesagt, daß Missionare ohne Schwierigkeiten diesen Weg benutzten, um zu ihren Schutzbefohlenen zu gelangen. Warum sollte ich mein Gepäck nicht wie sie auf einen Karren laden, und es vor mir herschieben?

Als ich aufbrechen wollte, traf ich zwei Amerikaner, einen Journalisten und einen Geschäftsmann, die den gleichen Weg mit einem Jeep nehmen wollten.

Wir verließen die Truppen der Kuomintang und fuhren zu dritt ins Ungewisse. Das Schneetreiben in diesem bitterkalten Winter ließ uns Wege kaum von Feldern unterscheiden. Nach einiger Zeit sahen wir in diesem *no man's land* Schattengestalten zwischen Grabhügeln in der Landschaft herumlaufen. Ich ging dem Jeep zu Fuß voran und schwenkte ein weißes Taschentuch am Stock und meinen französischen Paß. Wir betrachteten diese Dinge in der weißen Ödnis als unsere besten Beschützer.

Nachdem wir zwölf Kilometer auf diese Weise zurückgelegt hatten, erreichten wir ein Dorf, in dem Soldaten der Volksbefreiungsarmee Quartier bezogen hatten. Der junge Politkommissar war der einzige, der Englisch sprach, er hatte Verwandte in San Francisco, London, Hongkong und anderswo. Er hielt unsere Expedition für sehr gewagt und bat an höherer Stelle um Instruktionen. Wir wurden dann in einem Bauernhof untergebracht, wo wir auf Öfen schliefen. Es war spannend, das Leben der Dorfbewohner und der Paï Loo (6. Infanterie-Armee) zu beobachten. Nach fünf Wochen wurden wir gebeten, dorthin zurückzugehen, wo wir hergekommen waren. Die Beschreibung dieser Tage ist ein Protokoll und ergänzt mein Reisejournal. Photographien konnte ich von dort keine mitbringen.

Als ich wieder in Shanghai eintraf, war alles in Auflösung begriffen. Ich verließ die Stadt und schloß mich Buddhisten an, die eine Friedensmission zum Heiligtum von Hangtschou unternahmen. Dort erfuhr ich, daß die Front sich sehr schnell dem Yangtse-Fluß näherte.

Schnell machte ich mich auf nach Nanking, der Hauptstadt der Kuomintang, wo ein allgemeines »Rette sich wer kann« der Militärs herrschte, viele saßen mit ihren Familien und Habseligkeiten dichtgedrängt in Rikschas. Man spürte, daß die kommunistischen Truppen in Kürze den Fluß überschreiten würden.

Die Redaktion des *Life*-Magazins, die wußte, daß ich in Hongkong auf dem britischen Aufklärungsschiff *Amethyst* gewesen war, das jetzt auf dem Yangtse vor Anker lag, kabelte mir, ich solle mir die Genehmigung besorgen, um von Deck aus das Vorbeiziehen der kommunistischen Truppen zu photographieren. Als ich mit unserem Militärattaché bei Chiang Kai-shek, Oberst Guillermaz (späterer Botschafter bei Mao Tse-tung), darüber sprach, sagte der mir: »Ich habe Ihnen keine Ratschläge zu geben, aber Sie sollten das besser bleiben lassen«. Das war mein Glück, denn die Kommunisten hatten nichts Eiligeres zu tun, als das Schiff zu versenken.

Da die Kommunisten Ausländern berufliche Tätigkeit gestatteten, konnte ich meine Arbeit als Photograph fortsetzen. Ich war Zeuge, wie die Leute von Nanking, unbesorgte kleine Händler und Geschäftsleute, neugierig und mit banger Erwartung den Einmarsch dieser Spartanertruppe von Bauern aus dem Norden verfolgte. Sie waren nur notdürftig ausgerüstet, sprachen anders und sangen ihre drei Gebote: 1. »Nimm nicht mal Nadel und Faden mit!« 2. »Das Volk ist Deine Familie!« 3. »Gib zurück, was Du dabei hast!«

Man applaudierte mit Beklommenheit, da ein Soldat in China schon immer als Plünderer gesehen wurde. Hier hatte man für den Beruf des Soldaten nur Verachtung übrig.

China war blockiert, aber ein Schiff legte an, um Ausländer einzusammeln, die das Land verlassen wollten. Vor meiner Abreise mußte ich der Zensurbehörde meine jüngsten Aufnahmen vorlegen. Keine gab Anlaß zu besonderen Einwänden. Also schiffte ich mich Ende September 1949 in Shanghai ein und kam einige Tage später nach Hongkong. Das sollte das Ende meiner ersten, zehnmonatigen Chinareise und ihres photographischen Reisejournals sein.

Vom chinesischen Kulturministerium erhielt ich anläßlich des 10. Jahrestages der Machtübernahme durch die Kommunisten die Einladung, für mehrere Monate China erneut zu bereisen. Es war die Zeit der Industrialisierung, des »Großen Sprungs nach Vorne«. Die Devise war, England einzuholen. Da hätte man die Kulturrevolution schon vorausahnen können.

Als ich 1949 in Nanking war und die Befreiungsarmee dort einmarschierte, hatte ich den Eindruck, daß bei jenen Männern das Ideal, welches diesem grandiosen Unterfangen des Langen Marsches seine Geltung verlieh, noch lebendig war. Heute steht der Tien-an-men-Platz für die Schandtaten der jetzigen chinesischen Armee, die mit dem Blutbad unter den Studenten ein verknöchertes Regime zu retten versucht.

Si, en faisant un portrait on espère saisir le silence intérieur d'une victime consentante, c'est très difficile de lui introduire entre la chemise et la peau un appareil photographique!

Quant au portrait au crayon, c'est au dessinateur d'avoir un silence intérieur. —

18.1.1996

Wenn man eine Porträtaufnahme macht und glaubt, die innere Stille eines willigen Opfers einfangen zu können, dann ist es doch sehr schwierig, zwischen seinem Hemd und seiner Haut einen Photoapparat zu plazieren.

Bei einem Porträt mit dem Zeichenstift liegt es am Zeichner, über innere Stille zu verfügen.

18. 1. 1996

FÜR ALBERTO GIACOMETTI

Dieses gemeißelte Gesicht, dessen Ausdruck kaum wechselt. So ungewöhnlich ist diese Maske, daß man nicht sicher ist, ob sie zugehört hat. Aber welche Antworten! Immer recht, tief, persönlich, zu den unterschiedlichsten Themen.

Giacometti ist einer der gescheitesten Menschen, die ich kenne, vollkommen aufrichtig, was ihn selbst betrifft und von strengem Maßstab bei seiner Arbeit; er gehört zu jenen, die sich beharrlich am Schwierigsten versuchen. In Paris steht er gegen drei Uhr nachmittags auf, geht ins Café an der Ecke, arbeitet, streift am Montparnasse herum und geht im Morgengrauen schlafen. Annette ist seine Frau.

Die Fingernägel von Giacometti sind immer schwarz, doch er wirkt nicht ungepflegt, nicht die leiseste Spur von Pose haftet ihm an. Selten spricht er mit anderen Bildhauern über Bildhauerei, ausgenommen mit Pierre Josse, dem Jugendfreund, Bankier und Bildhauer und mit Diego, seinem Bruder. Wie freute ich mich, als ich hörte, mit Alberto drei gleiche Leidenschaften teilen zu dürfen: Cézanne, van Eyck und Uccello. Er hat mir wahre Dinge zur Photographie und zur Haltung, die man ihr gegenüber einnehmen sollte, und auch einiges über Farbphotographie erzählt.

Als wir von Cézanne und den beiden anderen Malern sprachen, sagte er bewundernd: »Das sind Monster«. Giacomettis

Gesicht sieht aus wie eine Skulptur, die nicht von ihm stammt, außer den faltigen Furchen. Er hat einen recht eigenwilligen Gang, eine Ferse setzt er sehr weit vorne auf, vielleicht hatte er einen Unfall, ich weiß nicht. Aber der Gang seiner Gedanken ist noch erstaunlicher, seine Antwort greift weit über das hinaus, was man gesagt hatte. Er zieht einen Strich, zählt zusammen und stellt eine neue Gleichung auf. Welche Lebendigkeit, welche Beweglichkeit eines besonderen und aufrichtigen Geistes.

In Stampa, in Graubünden, etwa fünf Kilometer von der italienischen Grenze entfernt, steht das Haus seiner neunzigjährigen Mutter, die mit lebendigem Scharfsinn ihren Sohn zu bremsen versteht, wenn sie fühlt, daß ein Gemälde, das ihr gefällt, vollendet ist. Das Atelier seines Vaters ist eine ehemalige Scheune. Dort arbeitet er im Sommer, im Winter verzieht er sich in das warme Eßzimmer. Von Paris rufen Alberto und sein Bruder Diego täglich ihre Mutter an. Für die bildhauerische Begabung des bescheidenen und zurückhaltenden Diego hegt Alberto große Bewunderung. Diego macht schöne Möbel und gießt die Skulpturen von Alberto. Alberto sagte öfter zu mir: »Der Bildhauer bin nicht ich, das ist Diego«.

Das Hotel des Dorfes ist das Haus, in dem der Vater geboren wurde; heute gehört es Albertos Cousine, und der Dorfladen wird von einer anderen Cousine geführt. Als er einmal für die Äpfel bezahlen wollte, die er bei ihr gekauft hatte, um sie zu malen, sagte sie zu ihm: »Tja, der Preis hängt davon ab, was man Dir für Dein Bild zahlt.« Alberto sagte mir, er sei gar nicht zufrieden, da er zuviel gleichzeitig mache: Äpfel, Landschaften, Porträts; eigentlich solle er sich auf zwei Gegenstände konzentrieren. Wunderbar ist dieser Sinn für das Sparsame, an dem sich Geschmack mißt.

Seine Ausstellungseröffnungen sind immer ein Ereignis, für ihn aber Grund zur Angst. Er sagt: »Ich muß alles hervorholen, was ich zu einem bestimmten Zeitpunkt habe, es zeigen, und dann sagen, schaut her, da stehe ich.«

Auch hier wieder die Aufrichtigkeit. All dies zusammengenommen zeigt wie seine Arbeit mit der Schönheit eins ist.

Bei Alberto ist der Intellekt ein Instrument im Dienst der Feinfühligkeit. In gewissen Bereichen nimmt diese auch seltsame Formen an, beispielsweise als Argwohn gegenüber jeder Art von Gefühlsäußerung. Nun, das geht *Queen's readers* eigentlich nichts an, genausowenig wie das Bild von Alberto, der seinen Milchkaffee im Bett trinkt. Genug, er ist mein Freund.

Alberto Giacometti, Paris 1961

ANDRÉ BRETON, SONNENKÖNIG

Ich kenne ihn wohl seit 1928 oder 1929. Da besuchte ich eifrig die surrealistischen Treffen im Café an der Place Blanche. In meinem Eckchen am Ende des Tisches war ich zu schüchtern und zu jung, um das Wort zu ergreifen. Seit dem Krieg habe ich ihn nur sehr selten gesehen, da ich im Orient und anderswo lebte. Ich fand sein Atelier so vor, wie ich es gekannt hatte: ein Mischmasch von märchenhaften Amuletten. Er war gebieterisch wie der Sonnenkönig, aber ebenso schüchtern wie ich. Man verharrte in einem Schwall von gegenseitigen Höflichkeitsbekundungen und Komplimenten und niemand wußte, ob er ohne jede Vorwarnung zornig werden und einen exkommunizieren würde.

Davon abgesehen, besaß dieser Herr immer tiefe Würde und große Redlichkeit. Seine charmante chilenische Frau tritt neben ihm ganz in den Hintergrund, aus freien Stücken denke ich.

Er stieg die drei Stockwerke hinunter, um für meine Schwester, die mich begleitete, köstliches Eis holen zu gehen, ganz so, als zelebriere er ein Ritual. Er trug ein lachsfarbenes Hemd. Während ich sprach, betrachtete er mich aufmerksam, doch er enthüllte seine Gedanken nie. Am nächsten Tag war ich im Café, wo er, ganz wie in meiner Jugend, junge Adepten um sich schart, nur daß dieses Café im Hallenviertel liegt. Da geht ein Zeitungsverkäufer vorbei und ruft die Schlagzeile des Tages: »Michel

Debré setzt auf den bretonischen Plan.« Das war dem Surrealismus wie auf den Leib geschrieben! Alles lachte, nur Breton zeigte keine Regung. Es ging dabei um unzufriedene bretonische Bauern – das sage ich für die, die in der Ferne weilen.

Schon seltsam, trotz seiner Löwenmähne und der stolzen Kopfhaltung hat er nichts Weibliches an sich, aber es gibt da etwas Feminines, vielleicht einen dicken Hintern, da müßte ich nochmal nachsehen. Ich erinnere mich, wie Dali in seiner Anwesenheit sagte: »Ich hatte einen Traum, in dem ich mit Breton schlief«, und Breton bemerkte sehr würdevoll: »Das würde ich ihnen aber nicht raten, mein Lieber«.

Nun, es gibt zahllose Anekdoten über ihn; aber jenseits des Anekdotischen empfinde ich gegenüber dem Surrealismus eine Treuepflicht, da er es war, der mich lehrte, mit dem Objektiv der Kamera zwischen den Abfallprodukten des Unbewußten und des Zufalls umherzuspüren.

St. Cirq-Lapopie, ein mittelalterliches Dorf, das in den Fels gebaut, hoch über dem Lot thront.

Breton geht abends durchs Dorf, um im Hotel des Ortes einen großen Weißwein zu trinken; die Haarmähne nach hinten geworfen wie ein Magier aus alten Zeiten, den Kopf hocherhoben über den Peugeots 404 und den 2CV der Massen touristischer Pilgerer, ihn jedoch tief verneigend zum Gruß der ihm bekannten Dorfbewohner.

Mit mir ist er gleichbleibend freundschaftlich und zuvorkommend, aber bedrückt von einem gezwungenen, ja schmerz-

André Breton am Lot, (Lot) Frankreich

haften Lächeln, sobald ich mein Beobachtungsgerät hervorziehe. Letztendlich war es für mich eine ausgezeichnete Übung mit nur etwa zehn Aufnahmen, von denen sechs brauchbar sind, nach Hause zu kommen. Aber wieviel verhinderte Aufnahmen habe ich noch vor meinen inneren Augen, während seiner Lesungen von Hugo, Lequier und Baudelaire für seine Frau und drei junge Surrealisten auf der Durchreise, mit einem Blick wie der flammende Schein einer Sturmlampe. Der Raum war ganz erfüllt von dem Geist der beiden, naive Gemälde an den Wänden, ein Buffet aus der Zeit Heinrichs des Dritten, Schachteln mit Schmetterlingen, gotische Fenster. Und der Steingarten war das reinste Sammelsurium. Bretons Leidenschaft: im Lot Achate suchen. Eine Suche esoterischer Art, wie er mir sagte. Zweimal waren wir gemeinsam dort; selbst auf zwanzig Meter Entfernung, und trotz des Plätschern des Wassers hörte er das Fallbeil meiner Leica und bedeutete mir mit dem Finger wie ein nachsichtiger Lehrer: »Daß ich Dich nicht nochmal dabei erwische!« – und das, obwohl ich doch mit der anderen Hand suchend zwischen den Kieseln zu meinen Füßen umhertastete. Wir wußten, wo wir uns mit Achaten zweiter Wahl eindecken konnten: in den Pflanzenkübeln auf der Terrasse des Cafés, wo Breton sich auf dem Nachhauseweg der überschüssigen Steine entledigte.

Unter dem Laubendach des kleinen Dorfrestaurants werden die Mahlzeiten zu festen Zeiten eingenommen. Er legt Wert auf pünktliches Essen und erwidert prompt den Gruß der Leute, die ihren Platz bei Tisch einnehmen; allerdings zeigt er eine Spur von Ungehaltenheit gegenüber dem »Guten Appetit«, das am Ende ihrer Begrüßung steht. Eine Ungehaltenheit, die er auch nur schwer zügeln kann, wenn die seichten Unterhaltungen von den Nebentischen an sein Ohr dringen. Und dann nimmt er wieder seine Schmähreden gegen Cézanne und die anderen auf (»Sie, der Sie Cèzanne mögen!« – wobei er seinen Finger quer über den Tisch anklagend auf meine Nasenspitze richtet). Seine Angriffe beruhen im allgemeinen auf moralischen Grundsätzen. Er verabscheut Italien, mit Ausnahme von Uccello. Sie beziehen sich auf die moralische Haltung der Leute.

Breton ist ein integrer Herr, von ausgesuchter, leicht steifer Höflichkeit, ein Papst, sich selbst zelebrierend, würden böse Zungen sagen. Vielleicht ist er ein furchtsamer, scheuer Mensch? Nie weiß man, ob er, wenn er höflich das Wort an einen gerichtet hat: »Sie, die Sie Soundso mögen…«, ob er sich in Verwünschungen ergehen oder einen in Grund und Boden verdammen wird, so daß man gezwungen ist, sich in Frage zu stellen.

Wie ein Handelsvertreter, der seinen Katalog präsentiert, legte ich ihm 1936 etwa vierzig Aufnahmen vor, die ich mit großer Sorgfalt abgezogen hatte. Ich fragte ihn, ob er nicht einen Assistenten bräuchte. Gerade hatte ich eine abschlägige Antwort von Luis Buñuel erhalten, den ich aus der Zeit des Surrealismus gut kannte.

Mit einer Reihe anderer Leute engagierte Jean mich 1935 für die Dreharbeiten zu *Das Leben gehört uns*, eine Art turbulentes, simples Potpourri, das Begeisterung für die Volksfront wecken sollte. Er engagierte mich erneut, als zweiten Assistenten, für *Eine Landpartie.* Jacques Becker war erster Assistent, und Luchino Visconti war als Beobachter dabei.

In den Vereinigten Staaten war Regieassistent ein richtiger Beruf, bei uns jedoch eine Schule, um Regisseur zu werden. Aber Jean und mir war sehr schnell klar, daß ich nie einer werden würde. Denn ein großer Regisseur geht mit Zeit um wie ein Romancier, während der Beruf des Bildreporters dem Dokumentarfilm näher steht.

Der zweite Assistent ist auch ein bißchen Mädchen für alles: so mußte ich eine Nachtigallen-Spieldose zur Untermalung einer Verführungsszene mit Sylvia Bataille auftreiben; und für *Die Spielregel* das Schloß in der Sologne ausfindig machen oder auch Dalio erklären, wie man mit einem Jagdgewehr umgeht.

Meine Liebe galt der Arbeit an den Dialogen, in einer Art Jamsession das rechte Wort zu finden, manchmal morgens, kurz vor den Dreharbeiten. Jean war ein von Lebensfreude und feinem Geist überbordender Strom, von vitaler Urwüchsigkeit; er sagte »Becker und Cartier, ihr redet *the the*«, um uns klarzumachen, daß wir dem Einfluß des Englischen unterlägen, während er die Sprache der kleinen Leute pflege. Man spürte seine Zuneigung für die Menschen, mit denen er arbeitete, wobei die kleinen Rollen genauso wichtig waren wie die großen. Er verabscheute den Stil des *Actor's Studio,* jene pedantische Geschäftigkeit, die so ganz im Gegensatz zu seiner Arbeitsweise stand. Vielmehr liebte er die Darsteller, die vom Varieté her kamen, und dort nicht mehr als einen oder zwei Akte Zeit hatten, um die Herzen des Publikums zu erobern.

Jean war kein Kämpfer. Wie ein großes Tier, das sich der Mücken und Fliegen erwehrt, die es attackieren, konnte er plötzlich voller Ungestüm reagieren. Es war Sache der Assistenten zu wissen, wann es Zeit war, ein Ballspiel zu organisieren, einen Beaujolais zu besorgen oder einen seiner Freunde kommen zu lassen, wie etwa Pierre Lestringuez. Jean bestand darauf, daß seine Assistenten kleine Rollen übernähmen, damit sie erführen, was man auf der anderen Seite der Kamera empfände. So kam es dazu, daß Pierre Lestringuez als Superior Seminaristen zu einem Spaziergang ausführte, darunter Georges Bataille und mich. Ich sperrte Mund und Augen auf angesichts der raschelnden Unterwäsche von Sylvia Bataille auf der Schaukel.

Die Schwierigkeiten während der Dreharbeiten von *Eine Landpartie* lagen am Regen; wir nahmen Zuflucht in sein Haus in Marlotte, wo viele Bilderrahmen leer waren, da die Werke seines Vaters dazu herhalten mußten, die Werke des Sohnes zu finanzieren. *Die Spielregel* enthielt am Vorabend des Krieges etwas von bösen Vorahnungen, und das Drama dieses doppelbödigen Schlosses fand auch im Privatleben von Jean statt: Bei größter Diskretion, aber manche Dinge spürt man einfach. Marguerite, seine Cutterin, die Becker und ich »die kleine Löwin« nannten, war seit vielen Jahren seine Geliebte, und für diesen Film hatte er Dido engagiert, die er später heiraten sollte. Das Vorkriegspublikum lehnte die Verquickung von Komik und Tragik ab, und es hat Jean tief getroffen, daß der Film auf der ganzen Linie durchfiel. Danach ging er nach Italien, um dort *La Tosca* mit Karl Koch als Assistenten zu drehen.

Sehr viel später habe ich Jean und Dido in Hollywood wiedergesehen, wo sie vor allem mit Jean Gabin, Saint-Exupéry, dem Komponisten Hanns Eisler und Gabrielle, dem früheren Modell seines Vaters, verkehrten. Er wollte in Frankreich einen Film mit Jeanne Moreau machen, aber die kleinmütigen Produzenten befürchteten, daß er die Dreharbeiten nicht würde beenden können. Truffaut, Rivette und Rosselini verbürgten sich dann dafür, daß sie den Film fertigstellen würden, falls Jean etwas zustoßen sollte.

Eines Tages im Jahr 1975 erhielt ich von ihm einen Brief voller Zuneigung, in dem er meinen Entschluß begrüßte, die

Photographie aufzugeben. Als ich später meine Korrespondenz ordnete, zerriß ich den Umschlag, und bewahrte nur den Brief auf. Am nächsten Tag erfuhr ich von seinem Tod, aber sein kraftvolles Lachen, sein spöttischer Ton und seine so melodiöse Stimme klingen in mir fort.

ROMÉO MARTINEZ

Roméo Martinez ist, zurückhaltend formuliert, Beichtvater zahlloser Photographen, die bei ihm nach Absolution heischen.

Seine große Sünde ist es, niemals auch nur einen Heller zu verlangen für den Kult, mit dem er der Photographie huldigt.

Über jeden von uns weiß er mehr als wir selbst.

1983

Capa pour moi portait l'
habit de lumière d'un grand
torero, mais il ne tuait pas.
– grand joueur, il se battait
généreusement pour lui-même
et pour les autres dans un
tourbillon. –
La fatalité a voulu qu'il soit
frappé en pleine gloire.

18.1.96

Für mich trug Capa das Lichtgewand eines großen Toreros, aber er tötete nicht; – ganz Spieler, kämpfte er in rasantem Überschwang voller Edelmut für sich und für die anderen.

Das Schicksal wollte es, daß er auf der Höhe seines Ruhmes fiel.

18. 1. 96

ERNST HAAS

Ernst Haas war das Feingefühl selbst, er besaß einen unwiderstehlichen Charme und Witz; Erkennen der Welt, ihre Farbe, ihre Schichtungen seit sie besteht, und ihre unterschiedlichsten Kulturen drückte er lebendig aus.

Er entschwand rasch und mit Grazie wie ein Komet, der hinter sich einen langen Schweif menschlicher Zwiesprache zurückläßt.

Ich höre ihn in Gelächter ausbrechen und sich über mich lustig machen, wenn er dies lesen könnte.

15. 9. 1986

MEIN FREUND CHIM

Chim war wie Capa ein Pariser am Montparnasse. Er hatte die Intelligenz eines Schachspielers und mit der Manie eines Mathematiklehrers verlegte er seinen Wissensdurst und seine Kultur auf viele Gebiete.

Wir waren seit 1933 Freunde. Sein kritisches Urteil war für die, die um ihn waren, schnell unentbehrlich geworden. Die Photographie war für ihn eine Bauernfigur, die er auf dem Schachbrett seiner Intelligenz souverän bewegte.

Einer seiner Reservebauern war kulinarische Raffinesse, die er mit sanfter Autorität einbrachte, indem er gute Weine und delikate Gerichte bestellte. Und er hatte eine elegante Schwäche: Krawatten aus schwarzer Seide.

Seine Klarsicht verlieh ihm ein trauriges, manchmal enttäuschtes Lächeln, das sich zu einem Strahlen entspannte, wenn man ihm Zuneigung zeigte. Er gab und forderte viel menschliche Wärme. Überall hatte er Freunde. Er war der geborene Pate.

Als ich seinen Freund Dave Schoenbrun aufsuchte, um die Nachricht von Chims Tod zu überbringen, sagte jener im anschließenden Gespräch: »Sie und ich, wir kannten uns kaum. Aber Chim war unser gemeinsamer Freund. Er war ein Herr mit vielen Herzkammern und versäumte es, eine Verbindung zwischen Ihnen herzustellen.«

Er akzeptierte die Zwänge seines Gewerbes und in Situationen, die seiner Person so ganz fern zu liegen schienen, zeigte sich sein Mut.
Wie der Arzt sein Stethoskop, zog Chim seinen Photoapparat aus der Tasche und diagnostizierte die Verfassung seines Herzens: es war verletzlich.

[1996]

ROBERT DOISNEAU

Unsere Freundschaft verliert sich in der Nacht der Vorzeiten. Für immer verloren ist uns sein mitfühlendes Lachen und seine von sinnigem Witz sprühende Schlagfertigkeit. Nie wiederholte er sich, stets überraschte er. Seine Güte, die Liebe zu allen lebendigen Wesen und zum einfachen Leben sind in sein Werk eingegangen.

Each time André Kertesz's shutter clicks I feel his heart beating; in the twinkle of his eye I see Pythagore's sparkle.

All this in an admirable continuity of curiosity.

3.1984

Jedes Mal wenn ich das Klicken von André Kertesz' Auslöser höre, spüre ich seinen Herzschlag; in seinem Augenzwinckern sehe ich den Funken von Pythagoras.

Und all dies mit einer bewundernswerten Ausdauer von Neugier.

3. 1984

Fragezeichen? Das ist der Titel, den Sarah Moon für den gar nicht konventionellen Dokumentarfilm gewählt hat, in dem ich unablässig versuche, mich zu entziehen, und in dem sie mich stets wieder einholt. Mehrmals stelle ich mir in dem Film die Frage: Worum geht es? Letztendlich gibt es da keine Antwort. In der Photographie ist, wie anderswo auch, der Augenblick seine eigene Frage und gleichzeitig seine Antwort. Was mich begeistert und mich in der Photographie leitet, ist das Zusammenfallen von Gebärde und Geist. Da gibt es weder Dualität noch Regeln.

Sarah Moon kam ohne feste Vorstellung, diaphan, sich zurücknehmend, mit ihrer kleinen Amateurvideokamera. Mir gegenüber war sie höchst präsent, ich führte mich auf wie ein Schmierenkomödiant. Sie ließ mich trotz meiner Gedankensprünge meine Dinge erzählen und verknüpfte mit Ausgewogenheit meine dreifache Betriebsamkeit, der ich mich hingegeben habe: Zeichnen, Photographie und Dokumentarfilm. Aber es gibt nur einen Blick. Sarah Moon hat nicht versucht, die Photographie, durch die ich bekannt geworden bin, in den Vordergrund zu stellen. Dieser Ruhm ist schwer zu ertragen: Ich möchte nicht als Galionsfigur herhalten, denn ich strebte mein ganzes Leben danach, unbemerkt zu bleiben, um besser beobachten zu können.

Die Absonderung, der die Photographie unterworfen ist, das Ghetto, in das die Spezialistenwelt verbannt wurde, schockiert mich. Die Photographen, die Künstler, die bildenden Künstler. Entweder hat man formbildenden Sinn oder man denkt in Begriffen. Daß manche eines dem anderen vorziehen, ist nicht mein Thema. Mein Thema ist es, mich in das Lebenszentrum zu stellen, um den ausgedehnten Augenblick zu fangen. Denken allein interessiert mich nicht. Photographieren ist ein manueller Beruf, unterwegs sein, reisen. Körper und Geist müssen dabei eins werden. Trotz der Unannehmlichkeiten war es für ein surrealisierendes Bürgersöhnchen nützlich, während der drei Jahre seiner Gefangenschaft manuelle Arbeiten verrichten zu müssen – Eisenbahnschwellen zu unterfüttern, in Zementwerken zu arbeiten, in Fabriken für Kurbelwellen zu arbeiten, dreckiges Geschirr in riesigen Kupferkesseln abzuwaschen, Heu zu machen. Und all das tat ich mit einem einzigen Gedanken im Kopf: Flucht. Sarah Moon hat das verstanden. Ich habe ihren Film mehrmals gesehen. Dank ihres Fingerspitzengefühls konnte ich sehen, daß es da um mich geht. Was für ein Glücksfall!

Messieurs

J'ai bien reçu l'acte II scène II, que vous avez bien voulu m'adresser sur "l'Acte Photographique".

Profondément ému, je tiens a vous dire combien je suis sensible au dévouement que vous consacrez a l'acte de notre grand doigt masturbateur d'obturateurs lié a l'agent perturbateur qu'est notre organe visuel (voir la dioptrique du "Discours de la Méthode" de Descartes). —

Avec tous mes remerciements, avant de prendre mes jambes de reporter a mon cou, je vous prie d'accepter l'hommage d'un photographe repentant

Henri Cartier-Bresson

Sehr geehrte Herren,

den II. Akt, II. Szene, den Sie mir freundlicherweise zugeschickt haben, habe ich erhalten!

Es ist mir ein Bedürfnis, Ihnen bewegt mitzuteilen, wie sehr mich der Einsatz mitnimmt, den Sie für den Akt unseres Zeigefingers aufbringen, der sich masturbatorisch an Auslösern betätigt, die in Verbindung mit dem Unruhestifter stehen, der unser Auge ist (vgl. die Dioptrik in der »Abhandlung über die Methode« von Descartes).

Mit herzlichem Dank bitte ich Sie, bevor ich meine Reporterbeine unter die Arme nehme, die Ehrerbietung eines reuigen Photographen anzunehmen.

Henri Cartier . Bresson

Markusplatz, Venedig 1997

DAS LEICHTE GEPÄCK DES HENRI CARTIER-BRESSON

Henri Cartier-Bresson ist überall mit sehr leichtem Gepäck gereist.

Das bedeutet keine Anspielung auf die berühmte Leica, dieses magische und tragbare Gehäuse, das ihm ermöglicht hat, als unsichtbarer Mann in der Menge unterzutauchen und den Akademien eiligst zu entfliehen, wo man durch das Ziehen von Strichen die Perspektive erlernt; während er in Begleitung von André Pieyre de Mandiargues Europas Straßen durchstreifte. Später, auf den Wegen Asiens, kamen die Ereignisse auf ihn zu, ihm bot sich das Straßenleben, als wäre die ganze Welt ein Atelier unter freiem Himmel.

Gewiß, die Impressionisten hatten vor ihm ihre Staffeleien an Flußufern und an Wiesenrändern aufgestellt, wo das Licht wie Tau niedersinkt. Aber ihre Welt gleicht einem einzigen ewigen Sonntag, während die Photographie die Arbeitstage zeigen kann. Und dann kann man sich Henri Cartier-Bresson trotz seiner Leidenschaft für die Malerei nicht lebenslänglich an eine Staffelei angekettet vorstellen, Stunden vor einer Landschaft verbringend und womöglich durch Neugierige belästigt, durch Wespen gestört, um schließlich noch für einen Photographen als schlechtes Motiv zu posieren. Für diesen ungestümen Buddhisten war die Haltung zu ernsthaft und der Stoff zu gewichtig.

Leichtestes Gepäck, das ist die alte Lehre, die man nicht lernen kann, die uns aber überallhin begleitet, wenn wir sie begriffen haben. Sie ermöglichte es Henri Cartier-Bresson, sich als Person zu entfernen, sich unsichtbar zu machen, um den Augenblick besser ertappen zu können, um der Momentaufnahme einen Sinn zu geben, um Alberto Giacometti auf gleiche Weise gehen zu sehen wie seine Figuren, um William Faulkner hemdsärmelig das Imaginäre dirigieren zu sehen, um in den Wolken und den Rauchschwaden Indiens oder in einem radschlagenden Pfau die Gestalt des Schicksals zu sehen. Es ist die Lehre der alten Meister, die ihm erlaubt hat, den Goldenen Schnitt in die Dunkelkammer zu holen. Ohne es zu wissen, erklärte er die Worte von Eugéne Delacroix zur »Zeichenmaschine«, die fähig ist, die Irrtümer des Auges und Wissensmängel auszugleichen: »Die Daguerreotypie ist mehr als ein Abpausen, sie ist der Spiegel des Gegenstandes; bestimmte Einzelheiten, die fast immer in einer Zeichnung nach der Natur fehlen, erhalten eine prägende Bedeutung und führen so den Künstler zu einer genauen Kenntnis der Konstruktion: Schatten und Licht finden sich mit genauem Härte- und Weichegrad mit sehr feiner Differenz, ohne die es keine Tiefenwirkung gibt«.

Auf das Zeichnen zurückzukommen, das Cartier-Bresson in den letzten Jahren ausgeübt hat, heißt, den Spiegel zu zerbrechen und mit bloßem Auge zu sehen und heißt, den Irrtum der Welt und unsere Unvollkommenheit anzunehmen.

Über das Erscheinungsgewirr zu sinnen, nicht die Flucht nach vorne anzutreten, was Photographie zuweilen bedeutet, hieß für diese rebellische Persönlichkeit, eine Form der Freiheit wieder zu finden.

Henri Cartier-Bressons Stil findet sich in seinen Schriften wieder: Zeugnis, Bildunterschrift oder Widmung, es ist immer eine Kunst der Knappheit. Dank einer trefflichen Wortfindungsgabe glücken Improvisationen (wie dieser Satz, im Flug erhascht, nach einer »Suite für ein Violoncello« von Johann Sebastian Bach: »Das ist Musik, um kurz vor dem Sterben noch zu tanzen«), die den gleichen Sinn für den rechten Augenblick wie in der Photographie voraussetzen, wenngleich Änderungen und Retuschen das Schreibhandwerk weniger verderben.

Tériade, dem unvergessenen Verleger der *Images à la sauvette* (Flüchtige Bilder) ist es zu danken, daß in Cartier-Bresson Interesse an der Buchkunst erwachte und er ein weiteres Talent in sich entdeckte. Er schrieb ein Vorwort, das schnell eine hervorragende Empfehlung für die Photographen wurde und das gleichzeitig verdient, auch unter anderen Gesichtspunkten gelesen zu werden: wie ein literarisches Werk, ganz für sich stehend. Ebenso sollte man seine selbstbewußten Entgegnungen, seine taktvollen und klaren Erinnerungen voller Humor und Zuneigung an Jean Renoir immer wieder lesen.

Henri Cartier-Bresson schreibt mit Tusche, weil sie nicht verwässert werden kann. Und nun schreibt er durch das Fax, das für die Schrift das ist, was die Leica für die Photographie war.

Denn er verachtet Maschinen nicht, wenn sie leicht sind, schnell reagieren, wenn sie ihm erlauben, den Augenblick zu greifen.

Richtig zielen ist eine andere Sache, da genügt das Auge nicht, es verlangt manchmal den Atem anzuhalten. Aber man weiß, daß Henri Cartier-Bresson, obwohl Landmesser ohne Regelwerk, doch ein vortrefflicher Schütze ist.

Gérard Macé

QUELLEN

Der rechte Augenblick (L'instant décisif). In: Images à la sauvette (Flüchtige Bilder), Editions Verve 1952. Umschlag von Henri Matisse.

Nach dem Bild der Natur (L'imaginaire d'après nature). Delpire, Nouvel Observateur, 1976.

Europäer (Les Européens). Editions Verve, 1955, Umschlag von Joan Miró.

Moskau (Moscou). Delpire, Collection Neuf, 1955.

Von einem China ins andere (D'une Chine a l'autre). In Auszügen aus: Delpire, 1954.

André Breton, Sonnenkönig (André Breton, roi soleil). Editions Fata Morgana, 1995.

Die anderen Beiträge und Autographen wurden erstmalig in der französischen Ausgabe veröffentlicht. Das Schreiben auf Seite 77 ist eine Antwort auf eine Einladung der »Cahiers de la photographie« für ein an der Sorbonne über das Thema »Der Akt des Photographierens« im November 1982 organisiertes Kolloquium. Das Nachwort von Gérard Macé wurde für die französische Ausgabe dieses Buches geschrieben. Martine Franck photographierte Henri Cartier-Bresson beim Zeichnen (Seite 7).

Die Übersetzungen von »Der rechte Augenblick« und »Das leichte Gepäck des Henri Cartier-Bresson« sind von Gretl Stritzel. Birgit Opiela hat alle übrigen Texte übersetzt.

GLOSSAR

Jean-Francois de Retz (1613-1679), französischer Kardinal und Schriftsteller.

Roméo Martinez (1911-1990), aus Mexiko stammender Bildredakteur. Bis 1975 Chefredakteur von »Camera«. Martinez richtete die Photosammlung des Centre Pompidou in Paris ein.

Chim (David Seymour; 1911-1956), amerikanischer Photojournalist polnischer Herkunft; 1947 Mitbegründer von *Magnum Photos.*

Sarah Moon, französische Photographin und Dokumentarfilmerin. 1994 drehte sie den Film *Point d'interrogation* über Henri Cartier-Bresson.

André Pieyre de Mandiargues (1909-1991), dem Surrealismus nahestehender Autor phantastischer-absurder Romane.

Tériade, französischer Verleger griechischer Herkunft.

Leo Tolstoi, Krieg und Frieden, zitiert die Übersetzung von Werner Bergengruen, Paul List Verlag, Leipzig 1977.

INHALT

ISBN 3-928942-57-3

Layout und Typografie: S. Anderson, Schrift: Garamond.
Gesamtherstellung: Friedrich Pustet, Regensburg.

Tous nos remerciements pour Esther Lenz.